El Dia de los Muertos de Catrina

Catrina's
Day of the dead

Story and illustrations
by Adriana Morales Marín

Catrina

Hello I am Catrina and this is my friend Misifus.
We are on our way to the Day of the Dead celebration.

Misifus

Hola yo soy Catrina y este es mi amigo Misifus.
Vamos en camino a la celebración del Día de los Muertos.

Every November 1st and 2nd, people in Mexico get ready
to welcome the souls of their loved ones that have passed away.

Cada 1ro y 2do de Noviembre, la gente en México se prepara para recibir las almas de sus seres queridos que han fallecido.

At the cemetery there is a big party.
The tombs are cleaned and decorated with flowers and
candles, they are the center of attention.
There, family and friends, sing, eat and laugh
sharing with the souls of the dead.

En el cementerio hay una gran fiesta.
Las tumbas limpias y decoradas con flores y velas
son el centro de atención.
Allí, familia y amigos cantan, comen y ríen,
compartiendo con las almas de los muertos.

Friends exchange sweet sugar skulls
with happy flower designs, and their
names written in shiny colored papers.

Los amigos intercambian dulces calaveras de azúcar, con alegres diseños de flores y con su nombre escrito en brillantes papeles de colores.

The children go out wearing costumes asking for their "calaverita". Gladly getting candy, money and surprises.

Los niños salen disfrazados pidiendo su calaverita.
Reciben encantados, dulces, dinero y sorpresitas.

Big and small they all go to the street stalls to buy
decorations and candy galore.

Chicos y grandes van todos a los puestos a comprar juguetes, decoraciones y dulces de a montón.

The deceased relatives are the guest of honor, their favorite food is prepared; mole, tamales and other dishes. Meanwhile, the kids enjoy their Day of the Death bread, dipped in hot chocolate.

Los parientes fallecidos son los invitado de honor, se prepara
su comida favorita; mole, tamales y otros platillos. Mientras, los
niños saborean su pan de muerto sopeado en chocolate caliente.

The guests of honor come back home, to experience once again the delights they enjoyed in life, offered by

Los invitados de honor regresan a casa, para disfrutar
una vez más las delicias que los hacían felices en vida,
ofrecido por sus seres queridos con gran amor.

The End
Fin

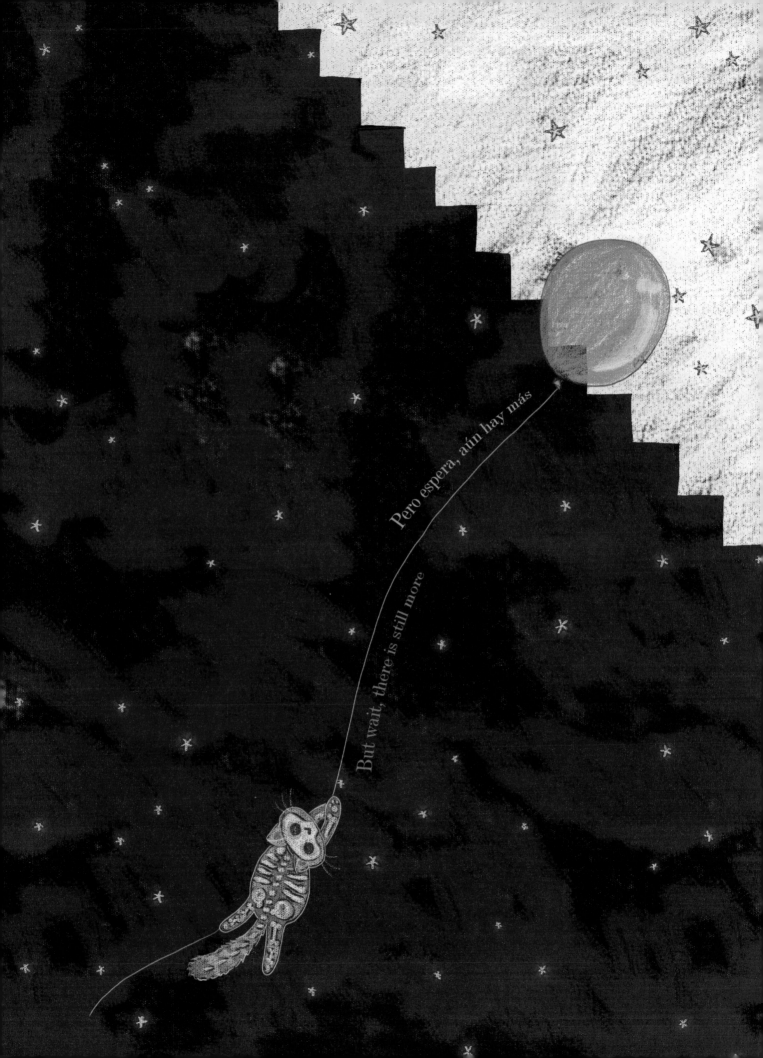

Pero espera, aún hay más

But wait, there is still more

Things in the offering

Pan de muerto
Bread of the dead

Es un pan dulce que simboliza
una calavera y huesos

It is a sweet bread that
symbolizes a skull and bones

Chocolate
Hot cocoa

Es una bebida caliente hecha
con chocolate y leche o agua

It is a hot drink made
with chocolate and
milk or water

Cempasúchil
Marigold

El olor de esta flor naranja
atrae las almas al altar

The smell of this orange
flower attracts
the souls to the altar

Retratos
Portraits

Fotos o retratos de los muertos
son exhibidos para recordarlos

Pictures or portraits of the dead
are displayed to remember them

Papel picado
Paper banners

Son hojas de papel de china
recortado con diferentes figuras

Sheets of tissue paper cut out
in different shapes

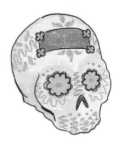

Calaverita de azúcar
Sugar skull

Calaveritas de azúcar son
intercambiadas entre amigos

Sugar skull's are exchanged
among friends

Juguetes
Toys

Se colocan los juguetes favoritos
de los niños difuntos

The toys of the children that
have passed away are displayed

Tamales
Tamales

Pastelillos de masa, dulces o
salados rellenos de carne y salsa

Sweet or savory corn meal cakes,
filled with meat and salsa

Dulces
Candy

Los dulces y postres
preferidos son compartidos

The favorite candy and desserts
are shared

Cosas en una ofrenda

Velas
Candles

Se usan como símbolo de
esperanza y guían el alma a la
ofrenda

Used as a symbol of faith, they
guide the soul to the offering

Agua
Water

Se le ofrece agua a los difuntos
para que calmen su sed

Water is offered to the souls
so they can quench their thirst

Mole
Mole

Salsa hecha con chiles,
chocolate y especies

Sause made with chilies,
chocolate, and spices

Fruta
Fruit

Fruta dulce y fresca es usada
para comer y adornar

Sweet and fresh fruit is used
to eat and decorate

Cruz
Cross

Cruces y símbolos religiosos
se usan para bendecir el lugar

Crosses and religious objects are
used to bless the place

Flores
Flowers

Se usan para añadir color,
alegría, fragancia y vida

They are used to add color,
happiness, fragrance and life

Sal
Salt

Purifica el alma para
ayudarlo en su viaje

It purifies the soul
to help them on their trip

Incienso
Incense

Es una resina que al quemarla
aromatiza y santifica el lugar

It is a resin that burns with a
sweet smell that sanctifies the place

Objetos personales
Personal objects

Las cosas favoritas del
muerto son exhibidas en el altar

The dead's favorite things are
exhibited at the altar

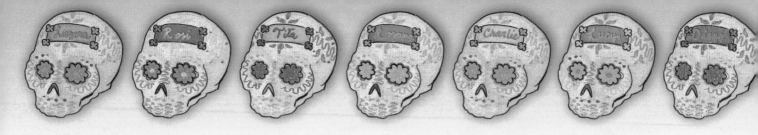

Make a sugar skull

Ingredients

Sugar skull mixture:
4 cups sugar
4 teaspoons meringue powder
10 to 12 teaspoons water
(if it is raining or humid add less water)

Hand mixer
Resealable bags or piping bags or applicator bottles
Sugar skull molds (you can buy this at craft stores, you can use the ones to make candy, chocolates or desserts)
Pieces of cardboard a little bigger than the mold

Royal icing:
2 eggs
4 cups of powdered sugar
1 lime
Food coloring (dry one preferable)
in your choice of colors

Get help from
an adult

Steps

1 Make sugar skull mixture:
Put in a large bowl the sugar and meringue powder, mix it and sprinkle the water, mixing it thoroughly so that all the sugar gets moistened, press with the palm of your hand, and if you get a "finger print" it means its ready to put it in the mold, if not it means it needs a bit more water.

2 Pour sugar mixture into skull mold, press hard so it will fit in all the small details, rub the excess sugar off the back with a piece of cardboard (place the excess on your sugar batch so you can reuse it). Place a cardboard flat on the back of your mold and flip it, take the mold away and let the sugar skull dry. If it is a small mold it may take 5 to 8 hours to dry, but if it is big it is better to let it dry overnight.

3 Make royal icing:
Note! do this once your sugar skulls are dry.
Sepate the whites from the eggs. In a mixing bowl, beat egg whites until they become a bit stiff, add sugar and the juice from the lime, beat until combined. Separate the mixture in several containers and mix in different food coloring to each one, (the food coloring is pretty intense, so add little by little until you have a color you like).
Distribute royal icing in the resealable bags, piping bags or applicators, (if you are using the bags cut a small end at the tip to use as a piping bag, set it on a cup so it won't drip).

4 Write your friends names on your sugar skulls and decorate them using the royal icing, it will dry in a couple of hours.

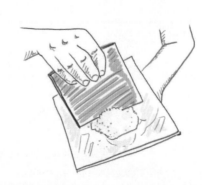

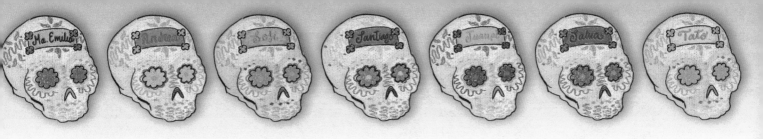

Haz una calaverita de azúcar

Ingredientes

Mezcla para hacer la calaverita:
4 tazas de azúcar
4 cucharaditas de polvo para hacer merengues
10 a 12 cucharaditas de agua
(si está húmedo o lloviendo agrega menos agua)

Batidora de mano
Bolsas de plástico resellables o duyas o botellitas con aplicador
Moldes en forma de calavera (puedes comprarlos en tiendas de manualidades, y usar los moldes para hacer dulces, chocolates o postres)
Cuadritos de cartón un poco más grande que tu molde

Glaseado para decorar:
2 huevos
4 tazas de azúcar glass
1 limón
Colorante vegetal (seco de preferencia) en tu selección de colores

Consigue ayuda de un adulto

Pasos

1 Hacer la mezcla para la calaverita:
Pon en un recipiente el azúcar y el polvo para merengue, mézclalo y rocíalo con agua; sigue mezclando hasta que toda la azúcar este un poco húmeda, de manera que al apretar un poco en la palma de tu mano dejes las "huellas de tus dedos"; entonces estará lista para el molde, sino es que necesita un poquito más de agua.

2 Llena tu molde con la mezcla de azúcar, apretando bien para que llene los detalles pequeños del molde, quita el exceso de azúcar con un pedazo de cartón y pon el sobrante con tu mezcla de azúcar para reusarla.
Coloca un cartón detrás de tu molde y voltéalo con cuidado; quita el molde y deja secar.
Si el molde es pequeño, tomará de 5 a 8 horas en secar; si son más grandes tus calaveras dejalas secar toda la noche.

3 Hacer el glaseado:
¡Atención! haz esto hasta que estén secas las calaveras.
Separa las claras de los huevos. Bate las claras con una batidora hasta se pongan un poco duras, añade el azúcar y el jugo del limón, mézclalos bien.
Separa la mezcla en varios contenedores y mezcla los diferentes colores vegetales, (el colorante es muy intenso así que añade poco a poco hasta conseguir el tono que te guste).
Distribuye el glaseado ya coloreado en bolsitas resellables, duyas o aplicadores, (si usas las bolsas corta una pequeña punta para usarla como duya, colócala en una taza para que no se escurra).

4 Escribe los nombres de tus amigos en las calaveritas y decóralas con el glaseado, secará en un par de horas.

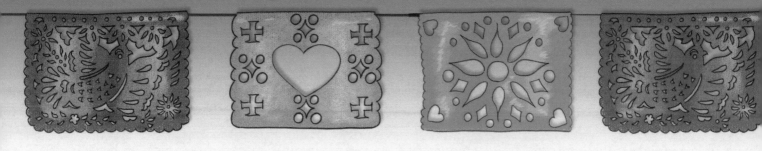

Make papel picado banners

Traditional papel picado banners are made by cutting patterns on tissue paper with chisels and a hammer. We will do a simple version of it, a bit like making paper snow flakes.

Steps

1 Fold tissue paper several times, in this sample we will fold it just twice, keep in mind that if you have more folds it will be more difficult to cut the paper. It should be folded edge to edge, not corner to corner.

2 Make a design you like, you can trace it first on a piece of paper and then on the upper part of your folded tissue paper, or use the sample. Experiment with different shapes and see what you get when you unfold the paper.

3 What works best is to have a symmetric shape (that means a shape that both sides looks look the same). When you fold the paper in half and cut the design, you will get the whole shape cut off.

4 It looks nice to cut a fringe on the sides and bottom, leave the top flat so it will be easier to attach it to the string. Use different color paper and designs to make your banners.

Materials

Tissue paper
(The one sold for wrapping presents is the best)
Scissors
String
Tape

Get help from an adult

5 Now you are ready to attach them to your string! First cut your string into the length you want your banner to be, leave a bit extra on the sides for tying.

6 Cut 2 long pieces of tape and attach it half way on the upper corners of your paper banner, then lay it flat on a table with the sticky side of the tape facing upwards. Lay the string along the top of your paper banner and fold the tape so your paper will be fixed to the string. Keep doing this with all your banners alternating colors.

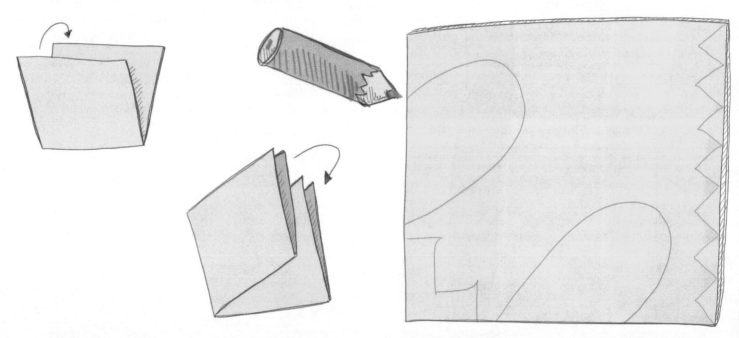

Haz tiras de papel picado

Las tradicionales tiras de papel picado son hechas cortando papel de china con gubias y un martillo. Nosotros haremos una versión simple de éstas, como copos de nieve.

Pasos

1 Dobla el pliego de papel de china varias veces. El ejemplo que te muestro se dobla dos veces; ten en cuenta que mientras más dobleces tengas será más difícil cortarlo. Debes doblar el papel de orilla a orilla, no de esquina a esquina.

2 En una hoja aparte dibuja el diseño que quieres recortar y luego trázalo en la cara superior de tu papel de china, o usa el ejemplo que te doy. Experimenta con diferentes figuras y ve qué consigues al desdoblar el papel.

3 Si usas una figura simétrica es mejor (o sea una figura que se ve igual de los dos lados). Dobla el papel a la mitad y córtala, así quedará la figura completa.

4 Se ve lindo si recortas una orilla para decorar los lados y la parte de abajo. Deja la parte superior lisa para que sea más fácil pegarlas al cordón.

Materiales

Papel de china
(El que venden para envoltura de regalos es el mejor)
Tijeras
Cordón
Cinta adhesiva

Consigue ayuda de un adulto

5 ¡Ahora ya estás listo para pegarlas al cordón!. Primero corta el cordón del largo que quieras tu tira de papel picado. Deja un poco extra a los lados para poderla amarrar.

6 Corta 2 pedazos de cinta adhesiva y fíjalos a la mitad en las esquinas superiores de uno de tus papeles, ponlo encima de una mesa con el adhesivo hacia arriba. Encima el cordón paralelamente al papel y dobla la otra mitad de la cinta adhesiva para fijar el papel al cordón. Sigue haciendo esto con todos tus papeles picados alternando colores.

Catrina's sugar cookies

Ingredients

For the cookies
1 stick softened unsalted butter
1 cup of sugar
1 large egg at room temperature
1 teaspoon vanilla extract
2 cups all purpose flour, and a bit more for dusting
1/2 teaspoon of baking powder
1/4 teaspoon of salt

Royal icing:
2 eggs
4 cups of powdered sugar
1 lime
Food coloring (dry one preferable)
in your choice of colors
Note! see the steps for the recipe on the
sugar skulls page.

Steps

To make the cookies
1 In a bowl, sift together flour, baking powder, and salt.

2 In another bowl beat together butter and sugar with a
mixer until it looks pale and fluffy.
Add in the egg and vanilla and keep mixing, adding the flour
mixture little by little until combined.
We need the dough to be cold before we cut our shapes, so
wrap it with plastic and refrigerate for 30 minutes.

3 Preheat the oven to 325 degrees Fahrenheit
(ask a grown up to help you when using the oven!).

4 Divide your dough in 2 pieces, leave one out, meanwhile
wrap the other half again and put it back in the refrigerator.

5 Dust your table with flour and with a flour dusted
rolling pin, roll the dough until it is about 1/4 inch thick.

Get help from an adult

6 Use your cookie cutter and cut your shapes,
then lift them up and transfer them to a baking
sheet lined with parchment paper.
Place your cookies about 1 1/2 inches apart of
each other. Now use the rest of the dough and do
another baking sheet.
Note! if the dough is too warm, try not to touch
it too much, and put it in back in the refrigerator.

7 Bake cookies for about 10 to 15 minutes
until the edges look golden.
Take them out and let them cool completely
before decorating.

8 Use royal icing to decorate your cookies, if
you want to layer colors, let the first layer dry.
Once done, let your cookies dry.

Galletitas de Catrina

Ingredientes

Para las galletas

1 barra de mantequilla sin sal a temperatura ambiente
1 taza de azúcar
1 huevo grande a temperatura ambiente
1 cucharadita de extracto de vainilla
2 tazas de harina y un poco más para enharinar
1/2 cucharadita de polvo para hornear
1/4 cucharadita de sal

Pasos

Para hacer las galletas

1 En un traste mezcla el polvo de hornear, harina y sal.

2 En otro traste, bate la mantequilla y azúcar hasta que se vea más claro y esponjoso.
Agrega el huevo y la vainilla mientras sigues batiendo y ve agregando poco a poco la mezcla de harina a que se combine. Necesitamos que la masa esté fría para cortar las figuras, así que cúbrela con plástico y refrigérala 30 minutos.

3 Precalienta el horno a 170 grados Centígrados (¡pídele a un adulto que te ayude cuando uses el horno!).

4 Divide la masa en dos, deja afuera una y la otra vuelve a envolverla y guárdala en el refrigerador.

5 Enharina tu mesa y rodillo con un poco de harina, aplana la masa a que quede como de 7 milímetros de grueso.

Glaseado para decorar:

2 huevos
4 tazas de azúcar glass
1 limón
Colorante vegetal (seco de preferencia) en tu selección de colores
¡Nota! ve los pasos de la receta en la página de las calaveras de azúcar.

Consigue ayuda de un adulto

6 Usa tus cortadores para recortar tus figuras, levántalas y ponlas en una charola para hornear cubierta con papel encerado.
Coloca las galletas con una separación de 3 centímetros entre cada una.
Ahora usa el resto de la masa y haz otra charola.
¡Nota! Si la masa está muy caliente, trata de no tocarla mucho y ponla en el refrigerador.

7 Hornea las galletas entre 10 y 15 minutos o hasta que las orillas estén doradas.
Sácalas y déjalas enfriar completamente antes de decorarlas.

8 Usa el glaseado para decorar tus galletas; si quieres encimar colores espera a que el primero esté seco.
Cuando hayas terminado, déjalas secar.

What is the Day of the Dead?

Before the Spaniards came to America in 1492 people in Mexico, made offerings for their loved ones when they died, so they could help them in their trip to the land of the dead, they included things like food, arrows and torches.

They believed in several gods, like Micantecuhtli and Mictecacihuatl the god and goddess of the Mictlán, the land of the dead. Once a year for several weeks, death was celebrated around the Xocotl tree, with offerings of flowers, food, dances and all types of artefacts with images related to the dead, like flutes and rattles in the shape of a skull.

The Spaniards celebrated All Saints day and All Souls day. Since there was a similarity with this celebration and the ones from the indigenous people, there was a fusion of this traditions so the people would embrace christianity more easily.

Now we celebrate on November 1st, the souls of the innocent, that is the souls of the children that died, and on November 2nd, the day of the dead.

The day of the dead is celebrated by visiting the tomb of our loved ones, cleaning it and offering them food, flowers, candles, music, prayer and in some places holding a mass for the dead.
Altars with offerings are displayed in houses and public places, even contests are held to see who can build the prettiest one.
Market stalls cover the streets, with all types of toys with images of skulls and candies to exchange in this season, especially the sugar skulls.
Funny poems named "Calaveras" (that is skulls), are exchanged among friends. Concerts and contests are held. The children wear costumes and go out to the streets asking for candy and treats, they call it "calaverita".

It is a season of color and happiness, where we remember our ancestors, tighten bonds with friends, where life and death are part of the same whole, where we celebrate with enthusiasm and love.

¿Qué es el Día de los Muertos?

Antes de que llegaran los españoles a América en 1492, la gente en México, hacían ofrendas cuando morían sus seres queridos para ayudarlos en el viaje al lugar de los muertos, incluían cosas como comida, flechas y antorchas.

Creían en varios dioses, entre ellos Micantecuhtli y Mictecacihuatl el Dios y la Diosa del Mictlán, la tierra de los muertos.
Una vez al año por varias semanas se celebraba a la muerte alrededor del árbol del Xócotl, con ofrendas de flores, comida, bailes y toda clase de artefactos con figuras relacionadas a la muerte, como flautas y sonajas en forma de calavera.

Los españoles celebraban el Día de todos los Santos y todas las Almas; como tenían detalles parecidos a las celebraciones de los indígenas, se mezclaron las tradiciones y así aceptaron más fácilmente el cristianismo. De aquí que hoy en día se celebre el 1ero de Noviembre a los Santos Inocentes, o sea a las almas de los niños que murieron, y el 2 de Noviembre el Día de Muertos.

El Día de Muertos se celebra visitando la tumba de nuestros seres queridos, limpiándola y acompañando al muerto con ofrendas de comida, flores, velas y música junto con rezos y misas en algunos lugares.
Ofrendas se colocan en casas y lugares públicos, tambien se hacen concursos para ver quién hace la más bonita.
Las calles se llenan de puestos con todo tipo de juguetes con figuras de calaveras y dulces para intercambiar en esta época, particularmente las calaveritas de azúcar.
Se intercambian con amigos poemas graciosos llamados calaveras. Se celebran concursos y conciertos. Los niños se disfrazan y salen a la calle pidiendo su "calaverita", y reciben gustosos dulces y monedas.

Es una época de fiesta llena de color y alegría, donde recordamos a nuestros antepasados, festejamos y estrechamos lazos con los amigos, en donde la vida y la muerte son parte de un todo que celebramos con entusiasmo y amor.

Made in the USA
Charleston, SC
29 October 2015